Die Deutschen Reformen

Ein Leitfaden für unsere Zeit

Die Deutschen Reformen

Friedrich Graf von Stein-Hardenberg

Inhaltsverzeichnis

Vorwort

Die Preußischen Reformen — ein geflügelter Begriff unter dem die Reformbemühungen des königlichen Preußens zu Beginn des 18. Jahrhunderts zusammengefasst werden. Binnen kurzer Zeit gelang es dem veralteten Preußischen Königreich Anschluss an die Moderne zu finden und Staat, Heer, Wirtschaft und Bildung auf die Höhe der Zeit und darüber hinaus zu führen.

Mit einiger Bewunderung blicken Historiker auf die schnörkellose und weitreichende Reformierung des Preußischen Staatswesens.

Vollkommen anders stellen sich Reformen in unserer Zeit dar: Im heutigen Deutschland versteht man unter Reformen ausschließlich die Aufblähung von Sozialtransfers, die Erhöhung von Vorschriften und Bürokratie, sowie die Schädigung eigener Leistungsfähigkeit zugunsten moralischer Vorstellungen.

Die Rückschau auf die Vergangenheit lässt einen ratlos zurück: Wieso sollte es einem erfolgreichen Industriestaat wie der Bundesrepublik Deutschland nicht auf ähnliche Weise möglich sein, seine offenkundigen Schwachstellen in Verwaltung, Bildungssystem, Wettbewerbsfähigkeit und Infrastruktur zu beheben? Warum sollte ein modernes Staatswesen mit einer derart gebildeten Bevölkerung nicht imstande sein, ein ähnlich weitreichendes, wie tragfähiges Reformpaket zu schnüren?

Es gibt hierbei sicherlich Unterschiede und Hemmschwellen: Preußen zu Beginn des 19. Jahrhunderts hatte einen unvergleichlich höheren Reformdruck. Die Niederlage gegen Frankreich ließ Schwachstellen offen zu Tage treten. Die demütigende Unterwerfung vor Napoleons Füßen, setzte ungeheure, echte Reformkräfte frei. Es ging nicht um ein kaschieren von Fehlstellen durch möglichst hohe Subventionen, sondern um echte, fundamentale Veränderungen. Hier liegt der erste Unterschied zum Deutschland unserer Tage: Das heutige Deutschland ist — im Vergleich zum damaligen Preußen - unvergleichlich träge und satt.

Dementsprechend werden echte Reformkräfte in unserem Land eher belächelt, wenn nicht gar diskreditiert.

Es stellt sich hierbei eine ganz allgemeine Frage: Kann ein reiches saturiertes Volk wie die Deutschen des Jahres 2019/20 überhaupt schmerzhafte Reformen erdulden? Oder gibt es nur den einen Weg – Abstieg, bis der Reformdruck unausweichlich ist und dementsprechend radikal?

Eine letztendliche Antwort auf diese Frage zu geben obliegt kommenden Generationen bei Ihrem Rückblick auf unsere Tage.

Rein inhaltlich wäre es zumindest kein großes Problem, weitreichende und richtungsweisende Reformen aufzustellen. Diese Denkschrift soll hierfür Orientierung und Inhalt geben. Die einzelnen Themenfelder sind bewusst äußerst kurz und einfach formuliert angeschnitten – Richtung und Ziel der jeweiligen Reformvorschläge sollten eindeutig nachvollziehbar sein.

Ob die im Folgenden aufgeführten Reformansätze politisch mit einer derart verwöhnten und trägen Bevölkerung umsetzbar sind, steht auf einem anderen Blatt Papier.

1. Rente

Eine unvergleichliche Achillesferse für die deutsche Ökonomie wie den gesellschaftlichen Zusammenhalt stellt die aktuelle Ausstaffierung der Deutschen Rentenversicherung dar.

Das bewährte, aber schlichtweg an den Rand seiner Leistungsfähigkeit geführte, umlagefinanzierte deutsche Rentensystem wird von mehreren Seiten gleichzeitig ausgehebelt.

- Die prinzipiell natürlich erfreuliche, jedoch für die Finanzierbarkeit des gegenwärtigen Rentensystems verheerende, enorm steigende Lebenserwartung in Deutschland.
    - 1960 durchschnittliche Lebenserwartung: 69,31 Jahre
    - 2016 durchschnittliche Lebenserwartung: 80,64 Jahre
    - 2050 (Prognose) durch. Lebenserwartung: 86 Jahre

- Die außerordentlich geringe Geburtenrate, welche für zu wenige Einzahler in die Umlagefinanzierung führt

- Politische Zusatzbelastungen: Frühverrentungssysteme, Mütterrente, Rente mit 63, Dynamische Rente, Altersteilzeit

Die Problematik ist offensichtlich und nicht ernsthaft anders zu betrachten: Ein System, dass immer weniger Einzahler generiert, gleichzeitig aber immer mehr Auszahler besitzt, die auch noch länger eine Leistung beziehen, kann nicht dauerhaft funktionieren.

Könnte man nun die Finanzierung durch immer höhere Steuerzuschüsse stützen? Einen begrenzten Zeitraum sicherlich. Aber langfristig? Unmöglich! Selbst mit diversen Reichensteuern und der Umleitung von anderen Geldern in den Rententopf, wird lediglich das Sterben des Systems verlängert. Bei gleichzeitiger Vernachlässigung von wichtigen Investitionen in die Infrastruktur.

Die Lösung des Problems ist dagegen denkbar einfach: Eine Anhebung des Renteneintrittsalters ist zwingend notwendig. Allerdings muss diese Maßnahme sozial flankiert werden, durch die Ausweitung der Urlaubsregelung. Eine Beispielrechnung:

- Renteneintritt wird auf 69 Jahre erhöht – ohne Ausnahme
- Gesetzlicher Urlaubsanspruch mit 62 Jahren: 30 Urlaubstage
- Gesetzlicher Urlaubsanspruch mit 63 Jahren: 35 Urlaubstage
- Gesetzlicher Urlaubsanspruch mit 64 Jahren: 40 Urlaubstage
- Gesetzlicher Urlaubsanspruch mit 65 Jahren: 45 Urlaubstage
- Gesetzlicher Urlaubsanspruch mit 66 Jahren: 60 Urlaubstage
- Gesetzlicher Urlaubsanspruch mit 67 Jahren: 70 Urlaubstage
- Gesetzlicher Urlaubsanspruch mit 68 Jahren: 80 Urlaubstage
- Gesetzlicher Urlaubsanspruch mit 69 Jahren: 90 Urlaubstage

Die steigende Anzahl an Urlaubstagen ist als Ausgleich für die verlängerte Lebensarbeitszeit zu verstehen. Die Rentenkasse wird zeitgleich unwahrscheinlich entlastet: Während Millionen ältere Menschen weiterhin ihren Lebensunterhalt aus Lohneinkommen finanzieren – und dabei noch deutlich mehr Geld zur Verfügung haben(100% Lohn), als bei der gesetzlichen Renten (48% Lohnniveau), wird die Rentenkasse noch mit zusätzlichen Beiträgen weiter befüllt. Das löst alle Probleme der Rentenkasse.

Für besondere Berufsgruppen mit körperlich schwerer Belastung müsste man gegebenenfalls Ausnahmeregelungen schaffen – früherer Renteneintritt, mehr Urlaubstage, Umschulung.

Um eine Minderung der Wettbewerbsfähigkeit deutscher Unternehmen entgegenzuwirken und dieses Modell attraktiv zu gestalten, muss entsprechend die Lohnbelastung der Unternehmen für Arbeitnehmer in diesem Alter neu justiert werden: Arbeitnehmer ab 62 müssen „billiger" werden, d.h. Lohnneben- und Steuerkosten werden gesenkt bzw. gestrichen. Damit werden die alten, erfahrenen Mitarbeiter, trotz stark gestiegenem Urlaubsanspruch begehrte Arbeitnehmer:

- Ab 63 Jahren: Streichung der Lohnsteuer
- Ab 64 Jahren: Streichung der Arbeitslosenversicherung
- Ab 65 Jahren: Streichung aller Nebenkosten, außer Kranken- und Rentenversicherung, hier wird nur einfacher Beitrag bezahlt (Arbeitgeber- und Arbeitnehmerbeitrag um 50% reduziert)

Der Arbeitgeber muss also nur ungefähr den Nettolohn mit wenigen Zusätzen vorhalten. Die Kostenersparnis muss die Arbeitsminderung durch die zusätzlichen Urlaubstage übersteigen.

Bei weiter steigender Lebenserwartung lässt sich mit dieser Systematik sehr einfach jede weitere Bedrohung der Rentenkasse abwenden. Die Lebenserwartung muss somit an das Renteneintrittsalter gekoppelt werden und beizeiten nachgesteuert werden.

Dadurch wird die Rentenkasse entlastet und Milliardenbeträge stehen für Infrastrukturmaßnahmen und andere, wichtige Zukunftsfinanzierungen des Staates zur Verfügung.

2. Krankenversicherung

In Deutschland konkurrieren 109 gesetzliche Krankenkassen um Beitragszahler. Ein Unding: Die Leistungen der Kassen sind – gesetzlich vorgeschrieben – identisch. Damit wird ein ungeheurer Personalaufwand betrieben, ohne einen Mehrwert für die Gesellschaft zu erreichen.

Somit liegt hier ein großes, einfach zu hebendes Einsparpotential: Da sich die Leistungen nicht unterscheiden ist es zwingend notwendig, alle bestehenden Krankenkassen in eine große zu überführen. Dadurch lassen sich tausende Stellen bei der Verwaltung einsparen. Dazu werden weniger Vorstände, Aufsichtsräte und weitere, hochdotierte Posten abgeschafft. Des Weiteren müssen keine sinnlosen Konkurrenzwerbungen mehr geführt werben.

Der Übergang kann dabei über Jahre ohne Entlassungen bei den Kassen geführt werden. Ab Fusion werden nur mehr 25% der Ausbildungsplätze vergeben. Zeitgleich werden die Stellen von in Rente gehenden Mitarbeiter der Krankenkassen nicht mehr nachbesetzt. Der Überhang an Mitarbeitern kann in speziellen Arbeitsgruppen den Übergang begleiten und die Neuorganisation der großen, nationalen Krankenkasse erarbeiten.

Für eine sinnvolle, dauerhafte Lösung aller Finanzierungsprobleme der deutschen Krankenversicherung müssen zudem künftig alle Leistungsträger in die nationale Krankenkasse einzahlen. Beamte, Selbstständige und Besserverdiener müssen sich in der nationalen Krankenversicherung versichern.

Dabei sollte Besserverdienern die Möglichkeit gegeben werden sich Zusatzleistungen (z.B.: Einzelzimmer im Krankenhaus, Chefarztbehandlung, etc.) variabel zu buchen zu können. Alle Zusatzleistungen über die Grundversorgung hinaus sollten als Katalog angeboten werden: Jeder Versicherte kann individuell Zusatzleistungen buchen oder auch wieder abbestellen.

Gerade für Selbstständige bietet dies mehr Sicherheit: In guten Zeiten können diese Versicherungsnehmer sich individuelle Leistungen zu buchen. In schwächeren Einkommensphasen fallen sie jedoch nicht automatisch aus allen Leistungen, sondern die Grundleistung bleibt erhalten.

Die Rückstellungen der Privatversicherungen sollten geschlossen in eine öffentliche Stiftung einfließen, die ausschließlich zu medizinischen Forschungszwecken innerhalb bundesdeutscher Universitäten verwendet wird.

Auch die Mitarbeiter von privaten Krankenversicherungen müssen in die neue nationale Krankenversicherung überführt werden und dort entsprechend den Einigungsprozess mitbegleiten. Langfristig wird der abnehmende Personalbestand jährlich die Kassen weiter entlasten.

3. Staatswesen

Der deutsche Staat mit seinen aufgeblähten Beamtenapparaten, Doppel- und Dreifachstrukturen und überbordender Bürokratie bietet in enormer Zahl Einspar- und Optimierungsmöglichkeiten.

Grundsätzlich sollte der Zuschnitt der Bundesländer verändert werden. Staatliche Einheiten mit wenigen Hunderttausend Einwohner schaffen nur zusätzliche Bürokratie und Kosten, als dass sie die Leistungsfähigkeit des deutschen Bundesstaates befördern.

Die Zusammenfassung kleinerer Einheiten könnte auf diesem Gebiet drastische Vorteile bringen. Ein mögliches Szenario:

- Zusammenschluss Saarland und Rheinland-Pfalz
    - Neues Bundesland: Westpfalz
- Zusammenschluss Hamburg, Mecklenburg-Vorpommern und Schleswig-Holstein
    - Neues Bundesland: Hansestaat
- Zusammenschluss Teile Sachsen-Anhalts, Niedersachsen, Bremen
    - Neues Bundesland: (Groß-)Niedersachsen
- Zusammenschluss Teile Sachsen-Anhalts, Brandenburg und Berlin
    - Neues Bundesland: Preußen

Die Einsparpotentiale einer solchen Konsolidierung wären enorm: Tausende von hochdotierten Beamten- und Politikerposten würden überflüssig – vom Ministerpräsidenten bis zum Verfassungsrichter, vom Polizeipräsidenten bis zum Staatssekretär. Milliardensummen an direkten Gehältern und (künftigen) Pensionen könnten eingespart werden. Zudem würden ganze Gerichte und Gesetzbücher verschwinden, es entstünden größere Verwaltungseinheiten für einfachere Bauplanungen (Autobahnen, Stromtrassen), es gäbe weniger Bildungssysteme in Deutschland, kostspielige Wahlen würden eingespart (und die mit dem Wahlkampf einhergehende Lähmung des politischen Betriebs), der Bundesrat und dessen Entscheidungsfindung vereinfacht. Ohne Kürzungen von Leistungen für die Bürger wäre der deutsche Staat also schlanker, leistungsfähiger und Milliarden an Steuergeldern wären frei für andere, wichtigere Zwecke.

Ein weiteres Einsparpotential stellt der deutsche Bundestag dar. Wie bereits in vielen Publikationen gefordert sollte die Anzahl der Bundestagsabgeordneten auf höchstens 600 angesetzt werden. Somit könnten große Summen eingespart werden, ohne dass das deutsche Parlament in seiner Leistungsfähigkeit beschnitten würde. Direktkandidaten erhalten ein errungenes Mandat, Listenplätze müssen hintenanstehen.

Des weiteren sollte die Legislaturperiode auf fünf Jahre erhöht werden. So würde in 20 Jahren eine komplette Bundestagswahl eingespart und Regierungen hätten länger Zeit, Projekte umzusetzen ohne angsterfüllt auf den nächsten Wahltermin zu schielen.

4. Arbeitsmarkt

Das Problem der Langzeitarbeitslosigkeit ist ein schwerwiegender Mühlstein im deutschen Sozialsystem. Arbeitslosigkeit befördert soziale Ausgrenzung, Kriminalität, Drogenmissbrauch, Demotivation, Vandalismus und weitere soziale Konflikte. Trotz hunderttausender offener Stellen verweilen etwa 700 000 Menschen in Deutschland in der Arbeitslosigkeit – aus unterschiedlichen Motiven: Die soziale Herkunft spielt ebenso eine Rolle, wie ein kriminelles Umfeld, psychologische Probleme oder mangelnde Motivation.

Der Staat sollte für diese Gruppe gesonderte Angebote schaffen um die strukturelle Langzeitarbeitslosigkeit dauerhaft zu unterbinden. Bis zu 18 Monaten gilt die reguläre Arbeitslosenunterstützung. Anschließend muss der Arbeitslose in den nationalen Bürgerdienst eintreten. In dieser staatlichen Agentur werden unterschiedliche Arbeitsbeschaffungsmaßnahmen zusammengefasst: Umweltschutzprojekte wie Waldaufforstungsprogramme oder Müllsammeln, Zivildienst in Krankenhäusern oder Altenheimen, Wehrdienst bei der Bundeswehr, Pflichtdienst bei THW, Freiwilliger Feuerwehr oder anderen sozialen Trägern. Der Langzeitarbeitslose erhält in dieser Beschäftigung nicht mehr ALG II ("Hartz 4") sondern ersatzweise ein höheres „Bürgergeld" in Höhe von z.B. 800 €.

Durch diese Maßnahme dürften mehrere, positive Effekte erzielt werden: Schwarzarbeiter wechseln in ein reguläres Arbeitsverhältnis, Kriminelle werden bedrängt in legale Beschäftigung zu gelangen, abgehängte Arbeitslose werden motiviert und erhalten am Arbeitsplatz ein neues, soziales Umfeld und gesellschaftliche Anerkennung. Die Bürgerarbeit soll Langzeitarbeitslose ertüchtigen für den ersten Arbeitsmarkt und die sozialen Verwerfungen, die Arbeitslosigkeit mit sich bringt abmildern.

Die Beschäftigten in der Bürgerarbeit sollten allerdings weiterhin in der regulären Arbeitslosenstatistik geführt werden, um keine Verzerrungen herbeizuführen. Probleme müssen offen zutage treten und dürfen nicht künstlich kaschiert werden.

Noch wichtiger gilt die Förderung junger Schulabgänger, mit oder ohne Schulabschluss. Die meisten jungen Menschen nehmen umgehend einen Beruf, eine Studium oder einen Ausbildungsplatz an.

Allerdings gibt es eine signifikante Gruppe von Jugendlichen, die aufgrund Ihres sozialen Milieus in Arbeitslosigkeit und damit verbundener Problematiken abrutschen. Hier ist der Staat besonders gefordert einzuschreiten. Jeder Schulabgänger muss nach spätestens sechs Monaten einen Ausbildungsplatz, ein Studium oder in einem Beruf antreten und in diesem zumindest sechs weitere Monate verweilen. Andernfalls wird der Jugendliche zum Staatsdienst herangezogen. Hierbei sollte auf die klassische Teilung der früheren Wehrpflicht, also Grundwehrdienst oder Zivildienst zurückgegriffen werden.

Anschließend wird der Jugendliche mit diesem Monitoring bis zu seinem 25. Lebensjahr begleitet und wenn nötig über Zweitmaßnahmen in eine Berufsausbildung oder ein Studium – ja nach individuellen Möglichkeiten und Neigungen – integriert.

5. Migration und Zuwanderung

Deutschland ist aufgrund seiner demografischen Entwicklung auf Zuwanderung angewiesen. Allerdings sollte diese Zuwanderung auch aktiv gesteuert werden. Die heutige politische Klasse der Bundesrepublik lässt im Bereich der Zuwanderung alles geschehen und nimmt nur halbherzig oder gar nicht steuernde Elemente in die Hand.

Prinzipiell muss eine einfache Regel gelten: Wer sich als Zuwanderer um Integration bemüht und vieles leistet muss vom deutschen Staat massive Unterstützung erhalten und im Land gehalten werden. Wer im Gegensatz dazu sich nicht um Integration bemüht, die Sprache nicht erlernt, sich nicht um Arbeit bemüht, kriminell wird – diesem Zuwanderer muss der Staat jeden, aber auch wirklich jeden Stein in den Weg legen und sich um eine schnelle Abschiebung bemühen. Befolgt der Staat diese einfachen Regularien, so wird Zuwanderung automatisch eine hohe Akzeptanz in der Bevölkerung erlangen. Ein logischer Vorgang: Wenn Zuwanderer in der überwiegenden Anzahl als Erfolgsgeschichten wahrgenommen werden, so wird sich die Ablehnung in Grenzen halten (außer bei unverbesserlichen Rassisten, die es in jeder Gesellschaft geben mag, die jedoch einen verschwindend geringen Bevölkerungsanteil darstellen).

Die Integrationsbemühung sollte mit einem Punktesystem geführt werden, indem positive Einbindung in das Gemeinwesen positiv begleitet, negative Entwicklungen scharf sanktioniert werden.

Besonderes Augenmerk muss auf die Ausreisepflichtigen gelegt werden: Wer ausreisepflichtig ist, aber – aus welchen Gründen auch immer – sich weiter im Land bewegen darf (geduldet wird), muss zwingend schärferer Kontrolle unterliegen. Ihm steht es auf keinen Fall zu, eine kriminelle Karriere einzuschlagen.

Durch viel zu lasche Gesetzauslegung gibt es heute eine beachtliche Zahl von Intensivtätern unter den Zuwanderern, die ein schlechtes Vorbild abgeben. Junge Zuwanderer, die sehen: Verbrechen lohnt sich sehr wohl und wird nicht wirklich sanktioniert werden zu einer kriminellen Karriere praktisch ermuntert. Welche Auswüchse dies haben kann, sieht man an der Clankriminalität oder den offenen Drogenumschlagplätzen in Berlin. Diese Zuwanderer müssten nicht durch illegale Tätigkeiten ihren Lebensunterhalt bestreiten – der Staat würde von Krankenversorgung über Miete bis Sozialhilfe alle anfallenden Kosten übernehmen. Die Zuwanderer können aber über illegale Tätigkeiten (wie z.B. mit Drogenhandel) sehr einfach bedeutend mehr Geld erlangen und dadurch Konsum und Luxus finanzieren. Eine lasche Gesetzgebung und Strafverfolgung, die Intensivtäter auch zum 50. Oder 60. Mal mit einer mündlichen Ermahnung laufen lässt, oder überhaupt nicht mehr reagiert, macht den Staat lächerlich, befördert automatisch ein Wachstum im kriminellen Umfeld und entzieht der heimischen Stammbevölkerung den Glauben an den Rechtsstaat.

Gerade wenn die heimische Bevölkerung den Glauben an die Effektivität und Gerechtigkeit des Rechtssystems verliert zieht eine unheimlich große Gefahr auf: Das Erstarken der AfD dürfte den etablierten Parteien Warnung genug sein und sollte nicht mit falsch verstandener Toleranz übergangen werden.

Was ist also zu tun?

Wer als geduldeter ein Verbrechen begeht erhält automatisch eine Abmahnung und den Hinweis, bei einer weiteren Tat den Aufenthaltstitel in der BRD dauerhaft zu verlieren. Begeht er nun ein zweites Verbrechen wird er unter Arrest gestellt und verbleibt in diesem bis zu seiner Ausreise. Ein solch massiver Druck, mit verbundenen Präzedenzfällen dürfte schnell zu einer ungeheuren Disziplinierung führen. Die vielen Kriminalfälle – vom Taschendiebstahl über Drogenhandel bis hin zu schweren Gewalttaten – verunsichern die Stammbevölkerung und befeuern ausländerfeindliche Ressentiments. Gelingt es in diesem Bereich spürbare, offensichtlich Verbesserungen zu erlangen wird das Zusammenleben von Stammbevölkerung und Zuwanderern sehr schnell vereinfacht und in Richtung einer positiven Entwicklung vorangebracht.

Gleichzeitig muss den Zugewanderten auch die Perspektive gegeben werden: Wer sich gesetzestreu verhält, Deutsch lernt und arbeitet, wird es sicher schaffen, sich dauerhaft in Deutschland niederlassen zu dürfen.

Hierzu sollte die Einbürgerung deutlich vereinfacht werden. Gegebenenfalls kann man das Amt des Bundespräsidenten mit einer solchen Funktion aufwerten: Dem Bundespräsident werden jährlich Listen vorgelegt mit überprüft bestens integrierten Zuwanderern (Punktesystem). Der Bundespräsident erteilt diesen Zuwanderern per Unterschrift die deutsche Staatsbürgerschaft.

Ein weiteres Problem bei der Zuwanderung stellen die sich abzeichnenden Parallelgesellschaften dar: Ganze Stadtteile sind ausschließlich monokulturell geprägt. Türken bleiben unter Türken, Araber unter Arabern, etc. Eine Vermischung der Kulturen findet in diesem Umfeld überhaupt nicht statt. Eine deutsche Kultur ist an solchen Wohnquartieren ohnehin nicht mehr sichtbar. Die Integration von Zuwanderern aus diesen geschlossenen Fremdsystemen in eine deutsche Mehrheitsgesellschaft ist quasi unmöglich.

Hier muss der Staat intervenieren. Vor allem in den Schulen muss eingegriffen werden – hier wächst die nächste Generation heran, die in die deutsche Gesellschaft integriert werden muss, nicht in eine ausländische. Schulklassen müssen aufgeteilt werden. Keine Bevölkerungsgruppe darf in einer Klasse die relative Mehrheit stellen – außer natürlich deutsche Muttersprachler. Notfalls müssen Schüler in anderen Stadtteilen zur Schule gehen.

Eine Schuluniform könnte einen weiteren, wichtigen Baustein abbilden, um junge Menschen ein Gemeinschaftsgefühl zu geben – außerhalb von Clanstrukturen und ausländischem Milieu.

Die Schule muss viel stärker die deutsche Kultur positiv, attraktiv vermitteln. Wenn ausländische Kulturen als „stark" und „überlegen" durch das Elternhaus dargestellt werden muss die Schule der Hort sein, an dem deutsche Kultur und Geschichte eben auch einen positiven Hintergrund vermittelt. Die erfolgreiche Ökonomie der Bundesrepublik, kulturelle Höhepunkte – von Bach und Beethoven, von Friedrich dem Großen und Konrad Adenauer, von Werner von Siemens und Dietmar Hopp, von Sportgrößen wie Franz Beckenbauer oder großen Schauspielern wie Marlene Dietrich – die deutsche Geschichte stellt – neben den dunklen Kapitel der NS-Zeit – auch mehr als genügend Episoden und Epoche, auf die man einen gemeinsamen Geist und ein positives Gemeinwesen einschwören kann. Dies ist bei den Nachkommen von Zuwanderern noch viel wichtiger als bei Kindern deutscher Eltern ohne Migrationshintergrund. Es muss attraktiv sein, Deutscher zu werden und sich mit diesem Land zu identifizieren. Jungen Migranten mitzugeben, es wäre ein einziges Verbrechen und eine Schande Deutscher zu sein – aufgrund von Shoa und Hitler – dürfte zu wenig Attraktivität ausstrahlen, um junge Migranten die Identifikation mit ihrem neuen Heimatland nahe zu bringen.

Zudem sollte sich der deutsche Staat bemühen eine wirklich „bunte" Zuwanderung offen zu gestalten. Nicht wenige, übergroße Kontingente aus muslimisch geprägten Ländern sollen angezogen werden, sondern auch verstärkt Einwanderer aus Asien und Südamerika. Es dürfte schwierig sein, eine positive Integration zu befördern, wenn einzelne Migrationsgruppen derart in ihrer Anzahl Übergewicht haben.

6. Industriepolitik

Entgegen anders lautender Meinungen ist ein Staat nur wirtschaftlich erfolgreich, wenn er über eine starke, leistungsfähige Industrie verfügt. Warum steigt China zur neuen Weltmacht auf? Einzig und alleine wegen seiner industriellen Expansion. Warum befinden sich die USA in einem quälenden Niedergang der Mittelschicht? Weil sie ihre industrielle Substanz verloren haben. Worauf beruht der beeindruckende Aufstieg Südkoreas, Taiwans, Singapur (etc.) – ausschließlich auf der Progression der Industrie, welche andere gesellschaftliche und sozialpolitische Entwicklungen nach sich zieht.

Wer nicht verstehen will, dass für ein rohstoffarmes Land wie Deutschland eine starke, konkurrenzfähige Industrie mit hoher Fertigungstiefe überlebenswichtig ist – auch und gerade um einen weitgedehnten Sozialstaat zu finanzieren - sollte gänzlich auf politische Betätigung verzichten und sich mehr philosophischen oder anderen Themen widmen.

Die zu ergreifenden Maßnahmen, um die deutsche Industrie wettbewerbsfähig, oder gar überlebensfähig zu gestalten liegen auf der Hand und sollen hier nur rudimentär aufgezählt werden.

Vorrangige Maßnahme vor allen anderen: Billiger Industriestrom. Wer in Deutschland produziert muss äußerst hohe Löhne bezahlen, gewaltige Umweltstandards einhalten und wird durch eine engmaschige Bürokratie bedrängt. Diese gewaltigen Nachteile müssen durch einen vernünftigen Strompreis zumindest etwas gemildert werden. Der Staat sollte gänzlich auf die Besteuerung von Industriestrom verzichten. Wer in Deutschland produziert, schafft Arbeitsplätze, hält sich an extrem hohe Umweltstandards, zahlt ohnehin eine gewaltige Menge an Steuern, Versicherungen und weiteren Abgaben.

Neben dem Preis muss auch die Versorgungssicherheit Gewähr leistet werden. Hierzu ist eine ausreichende Infrastruktur mit entsprechender Kraftwerksdeckung unerlässlich. Es ist völlig untauglich, Kraftwerke abzuschalten (Steinkohle, Braunkohle Atom) während es keinen ausreichende Ersatzinfrastruktur gibt. Man sprengt doch auch nicht bei laufendem Betrieb eine Autobahnbrücke ohne eine Ersatzbrücke gebaut zu haben. So in etwa läuft allerdings die aktuelle Deutsche „Energiewende" ab, die hauptsächlich eine Energieabschaltung ist. Man kann natürlich Kohlekraftwerke vom Netz nehmen, aber es muss davor (!) eine entsprechende Ersatzleistung eingebracht werden. Alles andere ist sinnlos. Man kann doch nicht deutsche Kern- und Kohlekraftwerke aus dem Netz nehmen und sich dann in der Grundlast – und dies ist ja entscheidend – ausschließlich auf das nahe Ausland (vor allem Frankreich, Tschechien und Polen verlassen) um Lücken oder die Grundlast wiederum von ausländischen Kern- und Kohlekraftwerken auszugleichen. Das ist - und man sollte sich mit Superlativen zurückhalten – einfach ausgedrückt: Wahnsinn. Zuerst muss die entsprechende Infrastruktur erstellen und dann aus- bzw. umsteigen. Alles andere ist populistischer Unsinn um kurzfristig Wahlen zu gewinnen, langfristig aber die Infrastruktur der Bundesrepublik verheerend zu beschädigen.

Wirtschaftliche Freiheiten sind wichtig. Allerdings stellt sich immer mehr heraus, dass gerade die Aktiengesellschaft oftmals als falsche Unternehmensform für Hightech-Betriebe angesehen werden muss. AGs orientieren sich viel zu stark an kurzfristigen und somit auch kurzsichtigen Gewinnen für die Aktionäre und leider sehr selten an langfristigen Strategien und Technologieentwicklungen. Dies mag im Dienstleistungssektor in Ordnung sein und zu Erfolgen führen – Technologie- und Produktionsunternehmen werden so oftmals zugrunde gerichtet. Es gibt hunderte von Beispielen, in denen höchst erfolgreiche Familienunternehmen nach dem Ausscheiden der engagierten Gründer- und Nachfolgerleitung in Kapitalgesellschaften umgewandelt wurden und anschließend, über eine Dekade des Niedergangs ruiniert werden. Der Fahrplan ist beinahe immer gleich: Investitionen in Produktionsanlagen und Forschung/Entwicklung werden drastisch gesenkt, das bestehende Produktportfolio so lange als möglich ausgebeutet und schließlich der Anschluss an Folgeprodukte verpasst. Zum krönenden Abschluss wird das „Tafelsilber" – besonders lukrative Unternehmenssparten – gewinnbringend verscherbelt und am Schluss bleibt eine leere Hülle mit wenigen Beschäftigten und einem einstmals klingenden Firmennamen.

Anders die Unternehmen im asiatischen Raum: Die Heimatstaaten (China, Südkorea, Japan) dieser Unternehmen pumpen massiv Geld in die Tech-Unternehmen. Die Budgets von Forschung und Entwicklung unterliegen keinem eisernen Spardiktat von Controllern, die den letzten Cent für Aktionärsgewinne ausquetschen wollen. Diese Hightech-Unternehmen - Huawei, Samsung, Sony, usw. – schlagen damit langfristig jede AG als Konkurrenten. Die Entwicklung der letzten Jahre ist eindeutig und für jeden offen nachvollziehbar.

Dabei gibt es ein Erfolgsrezept in Deutschland, das die langsame Zerstörung erfolgreicher Unternehmungen durch die Wandlung in Aktiengesellschaften aufhält: Die Stiftung. Stiftungen, mit entsprechenden Statuten und ohne übertriebene Apanagen an Dritte sind in der Regel gesund und bilden intakte Unternehmensregularien ab. Investitionen werden getätigt, da nicht die kurzfristige Ausschüttung von Aktionärsgewinnen wichtig ist, sondern das langfristige, gesunde Fortkommen des Betriebs. Der deutsche Staat sollte deshalb alle wichtigen Hightech-Unternehmen des Mittelstands katalogisieren und deren Fortbetrieb überwachen. Steht eine Unternehmenswandlung an – vom einzel- oder familiengeführten Unternehmen zur Aktiengesellschaft – muss der Staat zwingend intervenieren. Zerschlagung muss vermieden werden. Der Staat gibt einen Rahmen für besonders förderwürdige Unternehmungen aus: Ewigkeitsklausel, hohe Mitarbeiterbeteiligung, hohe Investitionen in Forschung und Entwicklung bzw. die heimatlichen Produktionsstandorte und entsprechende Beschäftigungssicherungen. Wird der Betrieb in diese Unternehmensform gewandelt entfallen alle Steuern bei Überschreibung (Erbschaft, Gewinn). Zudem wird das künftige Geschäft der Stiftung wird großzügig von laufenden Steuern entbunden.

Bestehende Aktiengesellschaften, die sich Stück für Stück durch die Mechanismen der AG selbst zerstören – Beispiel Siemens – sollte über großzügige Steuerregelungen der Umstieg in die Stiftung ermöglicht werden. Denkbar: Die Stiftung wird von der Firmenführung bekanntgegeben und der langsame aber stetige Einkauf der ausstehenden Firmenanteile kann steuerrechtlich abgeschrieben werden.

Interessant wäre auch eine weitere steuerrechtliche Begünstigung von Investitionen in Investitionsgüter: Wer in Deutschland Ersatzinvestitionen für Maschinen oder Produktionsanlagen tätigt, darf 10% mehr steuerlich abschreiben, als die Anschaffungskosten der Anlage waren.

7. Klimawandel

Der Klimawandel findet statt. Kein Mensch, der sich ernsthaft mit den belastbaren Temperaturmessungen der letzten Jahrzehnte befasst hat, kann daran einen Zweifel haben.

Zwei einfache wie selbstverständliche Fakten sollte man dabei allerdings berücksichtigen:

- 1. Wie stark der Anstieg auf Eingriffe des Menschen beruht ist nicht vollständig geklärt, wenngleich die meisten Forscher von einem Zusammenhang der Emittierung von CO2 ausgehen. Bewiesen ist dies jedoch nicht. Es gibt lediglich Rechenmodelle, die CO2-Gehalt und Temperaturanstieg übereinander legen und daraus einen statistischen Zusammenhang errechnen. Warum es in früheren Erdzeitaltern zu teils massiven Warm- und Kaltzeiten kam wird nur mit ungefähren Interpretationen beantwortet (z.B. Vulkanausbrüche, Sonneneinstrahlung, etc.). Ein wirklich vollständig belastbarer Blick in die ferne und fernste Vergangenheit ist – selbstverständlich – nicht möglich.

- 2. Das Klima auf der Erde ist in permanenten Wandel und wird niemals ein statisches System abbilden. Die Temperatur war in den meisten vorindustriellen Phasen deutlich höher als heutzutage.

Ein Blick in die Geschichte hilft dabei: Im Mittelalter waren die Temperaturen deutlich höher. Obwohl es keine Industrie und nennenswerte menschliche Einflüsse gab, erwärmte sich die Erde bedeutend. Grönland (Grünland) war von üppiger Vegetation überzogen und zog tausende Siedler aus Skandinavien an. In Deutschland gibt es Aufzeichnung über Niedrigstände des Rheins und zeitgenössische Berichte von verendetem Vieh und Wassermangel. Also zwar keine belastbaren Temperaturwerte (die Temperaturmessung in Grad Celsius bzw.

Fahrenheit war den damaligen Zeitgenossen unbekannt), aber die Berichte aus diesen Jahren beschreiben eine vielfach höhere Temperatur als in unseren Tagen.

Ist die Menschheit deswegen ausgestorben, wie es einige Klimawandelfanatiker (Extinction Rebellion, etc.) behaupten? Im Gegenteil: Die Bevölkerung stieg an. Warmzeiten schieben die Vegetation an. Mehr Regen, mehr Wärme, weniger Frost. Wo gibt es eine üppigere Vegetation: In Sibirien mit seinen dünnen Taigawäldern oder in den Dschungelgebieten des Amazonas?

Unbestritten gibt es Problematiken des Klimawandels: Manche Landstriche werden veröden, Inseln die heute nur wenige Zentimeter über der Meeresoberfläche liegen könnten dauerhaft unbewohnbar werden. Das stimmt. Aber auch dieser Vorgang ist etwas vollkommen Natürliches: Die große Flut 1634 überflutete dauerhaft größere Teile der nordfriesischen Inseln und machte diese bis zum heutigen Tage unbewohnbar.

Und so wird es weiter gehen in den nächsten Jahrhunderten. Es wird immer wieder Regionen geben, die aufgrund natürlicher Einflüsse unbewohnbar (oder nur mehr schwierig bewohnbar) sein werden: Auf Grönland gibt es heute keine ausgedehnten Landbausiedlungen mehr (aber vielleicht in 100 Jahren wieder?). Es stellt die Mentalität unserer extrem reichen Gesellschaft dar, zu erwarten alles muss so bleiben, wie es ist. Es dürfte sich hierbei um die allgemeinen Verlustängste einer noch nie dagewesen Wohlstandsära handeln, der es an Ziel, Moral und Agenda fehlt. Deshalb wird ein neues Ziel so hoch gesteckt: Weltenerrettung. Kleiner geht es nicht. Die Menschen, die den Diesel oder Plastikbecher verbieten wollen, haben das ultimative Heilsziel – sie wollen den gesamten Planeten und die Menschheit erretten.

Sicherlich spielt hier auch eine Art ersatzreligiöser Motivation mit ein. Die „Bekämpfung des Klimawandels" findet beinahe ausschließlich in westlichen, reichen, post-religiösen Gesellschaften statt. Religiöse oder autoritäre Gesellschaften (Indien, China, Russland, usw.) können mit dieser Thematik nichts oder nur wenig anfangen. China sieht zumindest das Marktpotential und produziert billige Photovoltaikanlagen um damit Milliarden an Exportgewinnen zu erzielen. Im Land selbst baut China hunderte von neuen Kohlekraftwerken (und betreibt damit Elektroautos, dem nächsten Massenmarktprodukt).

Zurück zum eigentlichen Thema dieser Denkschrift, einem Reformprogramm für das Deutschland unserer Tage. Welchen Anteil am Klimawandel – so man den annimmt, dass jeglicher Klimawandel komplett immer nur auf menschliche Einflüsse zurückgeht und die vielen Warmzeiten der vorindustriellen Ära eher Zufälle waren oder ignoriert werden sollten – hat nun die Bundesrepublik und wie stark kann Deutschland den „Klimawandel" abmildern?

Nach der Meinung etlicher bundesdeutscher Eliten, welche grundsätzlich keine praktische Ausbildung und/oder Studium besitzen bzw. von Naturwissenschaften und vor allem Technik keinerlei Ahnung haben, meinen ein deutscher Ausstieg aus der Kohlekraft und dem Verbrennungsmotor könnte den Klimawandel stoppen bzw. verlangsamen.

Diese Betrachtung ist derart abwegig, dass sie eigentlich jeglicher Beschreibung spottet. Wenn die Bundesrepublik von heute auf morgen jeglichen CO_2-Ausstoß einstellt, wird diese Minderung bereits durch die Neuemissionen Chinas in einem einzigen Jahr mehr als aufgebraucht. Nicht einberechnet der steigende CO_2-Ausstoß der restlichen Welt. Man sieht also, dass hier ein Kampf von Don Quijote gegen die Windmühlen geführt wird.

Nun geben Grüne, Umweltschützer und linke politische Bewegungen an, das sei doch nicht weiter schlimm. Deutschland gehe eben als gutes Vorbild voran und alle anderen Länder der Erde werden sich dann schon anschließen und die Wirtschaftsform Deutschlands eben später übernehmen. Diesen Gedanken muss man erst einmal setzen lassen.

Deutschland legt ohne Plan B seine gesamte Energieversorgung auf tönerne Füße, schaltet benötigte, versorgungssichere Kraftwerk ab und ersetzt diese durch – leider – technisch völlig unzureichenden und versorgungsunsichere Ersatztechnologien. Bei Versorgungsengpässen wird dann das deutsche Stromnetz durch polnischen Braunkohle- und französischen Atomstrom aufgepäppelt.

So der großartige Plan, dem sich alsbald alle Staaten der Erde anschließen werden. Deutschland schaltet also Kraftwerke ab, die massiv gebraucht werden und überhaupt nicht – vor allem in der Grundlast – kompensiert sind. Dieser absurde Plan benötigt für einen halbwegs gebildeten und emotional gefestigten Menschen keiner weiteren Erläuterung mehr: Niemand wird sich diesem verheerenden Unfug anschließen.

Dabei liegen die Gefahren dieses Wahns noch viel größer: Wenn die Netzsicherheit derart drastisch zurückgeht und die Strompreise weitersteigen, wird der ohnehin schon teure Produktionsstandort Deutschland weiter unter Druck geraten. Es wird zwingend zu Firmenschließungen und Produktionsverlagerungen kommen. In praktisch allen anderen Industrieländern gibt es billigen und versorgungssicheren Strom. Und niedrigere Auflagen und Löhne und Umweltstandards und Bürokratie.

Somit legt die grüne Bewegung die Axt an den Industriestandort Deutschland an. Ohne selbstverständlich zu verstehen, was ein deindustrialisiertes Land bedeutet: Massenarbeitslosigkeit, der Wegfall von Millionen gut bezahlter Arbeitsplätze, die nur zum Teil durch billige Dienstleistungsjobs aufgefangen werden, der Ausfall von Milliarden und Abermilliarden an Steuergeldern und letztlich den Zusammenbruch des deutschen Sozialsystems mit nicht mehr finanzierbaren Renten- und Krankenkassen. Es ist davon auszugehen, dass eine solche, wirtschaftlich derart geschwächte Gesellschaft nicht in linke Utopien marschieren wird, sondern eher nach rechts um nicht zu sagen nach äußerst rechts. Man muss nicht zwingend nur das Nazi-Regime als Beispiel aufführen, wohin sich eine zusammenbrechende Wirtschaftsnation politisch neu orientiert.

Die Wahlsiege von Donald Trump in den deindustrialisierten USA bzw. des offensichtlichen Faschisten Jair Bolsonaro sollten eigentlich Warnung genug sein.

Und taugt ein solcher, deindustrialisierter, verarmter Staat als Vorbild für die Welt? Im Gegenteil: Die meisten Staaten werdend den deutschen Sonderweg, der zwangsläufig zu De-Industrialisierung und Massenarbeitslosigkeit, Versorgungsunsicherheit und Zitterstrom und damit verbunden Abwanderung von Spitzenkräften defizitäre Staatshaushalte und einem Zusammenbruch des Staatshaushalts führt, als warnendes Beispiel aufnehmen. Niemand wird dieser deutschen Energiewende folgen. Im Gegenteil: Das deutsche Negativbeispiel wird den anderen Staaten der Welt Warnung sein, auf keinen Fall auf fossile Brennstoffe zu verzichten.

Es muss also anders gehen. Und zwar einzig über die Technologie. Bevor man großflächig alle fossilen Brennstoffe verbannt, muss es zwingend vernünftige, finanzierbare Ersatztechnologien geben. Die erneuerbaren Energien müssen speicherbar werden. Dazu sollten mehrere Maßnahmen in Betracht gezogen werden.

Großflächige Wasserspeicher sind eine Möglichkeit. Neue Wasserspeicherkraftwerke sollten in größerer Zahl und in ökologischer Verträglichkeit an verschiedenen Stellen Deutschlands entstehen. Zudem sollt in diese Betrachtung auch die Möglichkeit fließen, bestehende Braunkohlegruben derart auszubauen, also die enormen Höhenunterschiede und bereits aufgerissenen Flächen mit Pumpspeicherwassersystemen auszustatten.

Ein weiterer Ansatzpunkt ist die Wasserstofftechnologie. Sie bietet eine Unmenge an bedeutenden Vorteilen: Vollständige Sauberkeit, in unbegrenzter Menge vorhanden, speicherbar. Kurz gesagt: Eine Wasserstoffgesellschaft erschlägt alle drängenden Umweltprobleme gleichzeitig. Allerdings ist diese Technologie noch nicht ausreichend marktfähig. Hier muss der Staat eingreifen. Er muss Technischen

Universitäten (z.B. TU München, RWTH Aachen) und den Forschungsabteilungen namhafter Industriekonzerne, Cluster bilden: Der Staat stellt massive Forschungsgelder zur Verfügung um verbesserte Wasserstoffgewinnung, Transport, Energiewandlung und Antriebstechnologie zu unterstützen. Korrelierend wird die flächendeckende Infrastruktur für Wasserstofftankstellen und Versorgungsnetze angelegt. Schnell müssen Wasserstoffautomobile und Nutzfahrzeuge in mittelgroßen Serien hergestellt werden: Der Erkenntnisgewinn und die Kostensenkung in der Serien- und Massenherstellung sind unabdingbare Voraussetzungen um der Wasserstofftechnologie zum Durchbruch zu verhelfen.

Der Staat sollte auch unbedingt ein Feld sofort in Angriff nehmen, um eine CO_2-Reduktion in der Atmosphäre zu erreichen: Massive Aufforstungsprojekte. Bäume sind die besten natürlichen CO_2-Speicher. Hier könnte im Kleinen wie im Großen schnell Erfolge erzielt werden. Städte könnten Straßen in Alleen umwandeln und Grünstreifen mit Einzelbäumen verdichten. Bestehende Wälder, die unter der Borkenkäferplage leiden, müssen zwingend aufgeforstet werden. Der Staat gewährt hierfür großzügige Förderprogramme bei denen Setzlinge und Prämien finanziell prämiert werden. Zudem könnten bestehende Brachflächen bewaldet werden. Außerdem sollte der deutsche Staat über einen eigenen Fonds Bewaldungsprojekte in sicheren Staaten durchführen. Großräumige Brachflächen in Asien oder Afrika könnten so vollständig bewaldet werden und dadurch einen kleinen Beitrag zur Reduktion des CO_2-Gehalts in der Atmosphäre führen.

Der Weiterbetrieb zumindest von zwei deutschen Atomkraftwerken als CO_2-neutrale Stütze in der Grundlaststromversorgung sollte ebenfalls in Betracht gezogen werden. Sobald entsprechende Ersatzleistungen zur Verfügung stehen, können auch die letzten Atomkraftwerke vom Netz gehen.

8. Entwicklungspolitik

Die Globalisierung und das ungehemmte Bevölkerungswachstum in den Entwicklungsländern stellen die Weltgemeinschaft vor enorme Probleme. Die Bundesrepublik muss sich als bedeutende Wirtschaftsmacht diesen Herausforderungen stellen und zu deren Lösung beitragen.

Die Entwicklungspolitik muss dafür neu justiert werden. Deutschland sollte sich ausufernde Metropolen in Entwicklungsländern (z.B. Abuja, Delhi, Dhaka, etc.) vornehmen und diese konstruktiv begleiten. Ein wichtiger Bereich wäre hier die Abfallentsorgung. Viele große Städte in Entwicklungsländern verfügen über keine geregelte Abfallentsorgung. Die Bewohner behelfen sich damit, indem sie den Müll auf offener Straße verbrennen, oder in einen Fluss kippen. Hierauf beruhen weit über 90% aller Plastiken in den Weltmeeren. Ein globales Umweltproblem. Auch an diesem Beispiel sieht man wie völlig untauglich die ideologiegetränkte Umweltpolitik der deutschen Grünen ist: Hier wird ernsthaft darauf hingearbeitet, in Deutschland (der EU) Besteck, Kaffeebecher oder Einkaufstaschen aus Plastik zu verbieten um Plastikmüll in dem Weltmeeren zu vermeiden. Im Prinzip ein Vorschlag, der sich gut anhört – jedoch vollkommen wirkungslos ist. Die Abfallentsorgung in Deutschland funktioniert ausgezeichnet. Der Plastikmüll wird eingesammelt und – zumeist – in Müllverbrennungsanlagen verbrannt. In den Weltmeeren landet nichts, oder außergewöhnlich wenig davon. Ein Verbot von

Plastikprodukten in Deutschland wird also für die Vermeidung von Plastikmüll in den Weltmeeren in etwa so viel nutzen, wie wenn man in Augsburg ein Haus vorsorglich mit Löschwasser bespritzt, um einen Brand in Häuserbrand in Hamburg zu löschen.

Warum nimmt nicht Deutschland die Abfallentsorgung in einigen stark expandierenden 3.Welt-Metropolen in die Hand? Bezahlt aus dem Budget des Entwicklungshilfeministeriums werden vor Ort regionale Zweckunternehmen gebildet, mit eigenen Sammelfahrzeugen, Reparatureinrichtungen, Verwaltung und entsprechenden Entsorgungseinrichtungen bis hin zur kompletten, modernen Müllverbrennungsanlage. Damit ließen sich mehrere Probleme lösen: Natürlich die reine Müllmenge an sich (und das angeschnittene Problem der Verunreinigung der Weltmeere durch den Plastikmüll aus den Entwicklungsländern). Durch die begleitenden Betriebe (Instandhaltung, Verwaltung, Betrieb) könnten Tausende Bewohner eine duale Berufsausbildung durchlaufen, als Elektriker, Industriemechaniker, Büroangestellte, etc. Die Müllverbrennungsanlagen als solche liefern Strom und Abwärme. Zudem wird durch die Müllvermeidung und Entsorgung der Nährboden für Ungeziefer und Krankheiten gemindert.

Ähnliche Zweckgesellschaften – finanziert durch deutsches Entwicklungsgeld, unter Beteiligung der Kommunen vor Ort – könnten in weitere Bereiche wie den Öffentlichen Personennahverkehr, der Abwasserentsorgung, dem Straßenbau, der Stromversorgung oder dem Medizinischen Bereich einwirken. Unter Beteiligung deutscher Technologiefirmen werden so vor Ort U- und S-Bahnen, Kläranlagen, Gaskraftwerke, Krankenhäuser, etc. konzipiert, finanziert, betrieben. Immer unter zwei Aspekten: Die aufzubauende Infrastruktur muss sich selbst tragen und im Betrieb finanzieren und die jeweiligen Betriebe wirken weiter positiv in die Gesellschaft, stellen Ausbildungsplätze und Arbeitsplätze zur Verfügung, bringen technisches Knowhow in das Land und generieren Steuereinnahmen für den jeweiligen Staat. So generiert die Bundesrepublik für Entwicklungsstaaten Leuchttürme, um die herum gesunde Strukturen aufwachsen können.

Außerdem sollte Deutschland hunderte Stipendien bezahlen: Studenten aus Entwicklungsstaaten dürfen in Deutschland kostenfrei studieren und zwar in benötigten Studienfächern – vorrangig Medizin, Ingenieurstudiengänge, Wirtschaft. Die Studenten müssen unterschreiben, nach Abschluss wieder in ihre Heimat zurückzukehren, um dort eine wirtschaftliche und akademische Progression voranzutreiben.

Ähnlich sollte Deutschland bei der beruflichen Bildung vorgehen und Auszubildende aus Entwicklungsländern in technischen Berufen ausbilden und diese dann an geeigneter Stelle in den Heimatländern einsetzen. So könnten die Absolventen solcher Förderprogramme in den Heimatländern an Infrastrukturentwicklungen teilnehmen und in weiteren Berufsbildenden Schulen ihr Wissen weitergeben.

Weiterdies sollte Deutschland eine eigene Rohstoffgesellschaft aufbauen. Mit Milliardenhaushalt werden Rohstoffquellen in Entwicklungsländern aufgekauft und vor Ort entwickelt. Nach Bedürfnissen der deutschen Wirtschaft werden dann an den Rohstoffquellen Vorprodukte hergestellt und in die Wertschöpfungsketten der deutschen Wirtschaft eingebunden. Hierbei schafft Deutschland soziale Strukturen und berufliche Fortbildung für die Angestellten in den Entwicklungsländern.

9. Nationale Identität

Nach Ansicht einiger, zumeist linker Intellektueller, Journalisten und Medienschaffender ist der Nationalstaat überkommen, rückständig und sogar gefährlich. Er gehört abgeschafft und durch einen europäischen Superstaat bzw. einer noch größeren Weltengemeinschaft ersetzt werden. Die Bindungen an die eigene Nationalität und Volkszugehörigkeit, Sprache, Kulturraum, Traditionen, Geschichte und Geschichten, Mythen, Erzählungen und Umgangsformen wären eine schlimme, gefährliche Rückständigkeit, die einer glücklichen Zukunft voll von grenzenlosen Freiheiten im Wege steht. Die Erde solle nicht mehr Grenzen kennen und ein universeller Siedlungsraum werden, in dem alle Menschen glücklich und wohlhabend sind. Es handelt sich hierbei prinzipiell um die marxistische Idee der klassenlosen Gesellschaft, der Endform des Kommunismus.

Woher diese Faszination und Befeuerung einer derartigen Utopie kommt lässt sich nur mutmaßen. Die Deutschen sind sicherlich nach wie vor schwer geprägt durch die Erfahrungen der totalen Überhöhung des Nationalen während der unglückseligen und schrecklichen Zeit des NS-Regimes. Die vollständige Pervertierung der Nation und das Ad absurdum geführte deutsche Volk, leidet noch immer sehr stark an den geschlagenen Wunden der Jahre 1933 bis 1945. Der Völkermord an den Europäischen Juden und der Weltkrieg belasten die Identität der

Deutschen als Volk außerordentlich schwer. Sie misstrauen sich selbst. Aus dieser Verunsicherung nähren sich sowohl die Rechtsaußen – namentlich die AfD – wie auch die extremen Linken, die sich als Schutzschild vor einem 4.Reich sehen wollen.

Benötig aber ein Land überhaupt noch eine eigene Identifikation? Reicht es nicht, dass jeder Englisch sprechen kann und dahinziehen kann, wohin er möchte? Die Antwort ist relativ einfach: Welcher Fußallverein hat mehr Erfolg und kann auch größere Durststrecken überstehen? Der Traditionsverein, der seit 100 Jahren besteht und eine tiefe emotionale Verwurzelung in seiner Heimatregion hat? Oder der kurzfristig durch einen Investor hochgeputschte Retortenclub, der von externem Fachpersonal hochgepuscht wird? Sicher, so lange der Erfolg da ist, mag auch der Retortenclub Zuspruch erhalten. Aber was passiert, wenn es Rückschläge gibt?

Jede Gemeinschaft, die Zusammengehörigkeitsgefühl besitzt ist stark. Egal ob es sich um einen Sportverein, eine Faschingsgesellschaft, ein Dorf, eine Stadt oder nur eine Clique von Personen handelt. Das Zusammengehörigkeitsgefühl nützt in Krisenmomenten und stärkt das Selbstbewusstsein der einzelnen Glieder. Es schafft Identität und dadurch eine zusätzliches Band zu den anderen Gliedern und eine Art „zweite Haut", die einen gegen Schläge des Lebens immunisiert.

Es ist von dem her nicht zwingend notwendig, dass Deutschland eine starke nationale Identität (wieder) ausbildet – es würde allerdings außergewöhnlich positive Effekte besitzen.

Die Integration der Zuwanderer würde deutlich erleichtert. Ein positives Selbstwertgefühl erleichtert die Attraktivität der neuen Heimat. Wenn die deutsche Staatsbürgerschaft ausschließlich als negative Erscheinung zutage tritt, mit der man sich zwar sehr wohl per Ausweis für Auschwitz und Treblinka schämen muss, sich aber keinesfalls mit Stolz auf Schiller und Goethe, Luther und Bismarck, Bosch und Daimler, München und Hamburg, Bauhaus und Brecht (etc.) berufen kann, wird diese stark an

Wert gemindert. Deutscher zu sein kann und darf nicht alleine an den schlimmsten Verbrechen aufgehängt werden, sondern muss ein vernünftiges Gesamtbild ergeben. Ein attraktives Angebot, dass es einer nachfolgenden Generation von Migrantenkindern erleichtert und eine Freude ist zu sagen: Ich bin ein Deutscher.

Zudem bindet ein gesunder Patriotismus weitere positive Kräfte: Der Reiz zur Auswanderung von Spitzenkräften wird gemindert, die Steuergerechtigkeit nimmt zu, Korruption wird bekämpft, die Menschen stehen stärker zu „ihrem" Staat und fühlen sich ihm verbunden.

Nichts daran ist schlecht. Alles daran nützt, Deutschland in eine gute Zukunft zu führen. Selbstredend schließt ein selbstbewusstes, emotional gesundes Deutschland niemand anderen aus. Jeder Zuwanderer hat die Möglichkeit Teil dieses Volkes zu werden und seine Stärken zu mehren.

Auch ein selbstbewusstes Deutschland wird um europäischen Ausgleich bemüht sein und dem Frieden in der Welt dienen. Diese Lektion der verheerenden NS-Zeit wird wohl in Deutschland festgesetzt stehen: Mit nationalen Alleingängen und Egoismen mag man kurzfristig Erfolge haben können. Doch langfristig wird sich daraus keine gute Zukunft begründen lassen.